U0010272

SWITCH
OF SPIRIT

將昨天的幹勁， 獻給今天提不起勁的你。

有時候心想：好～看我的！
認爲這種幹勁會「永遠持續」的人，
他的幹勁不會持久。

做事能夠持之以恆的人，
知道這種動力「馬上會消退」，
所以總會下一番工夫，以免它消退。

PROLOGUE

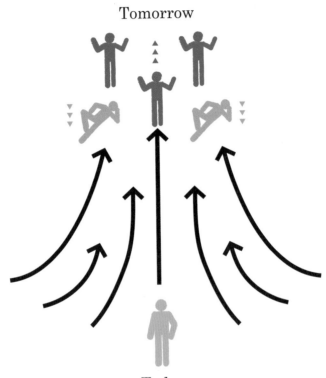

如何做，讓自己能夠專注？
如何做，自己會興致高昂呢？

幹勁是個陰晴不定的東西。

明明昨天之前確實還有，今天卻不知跑哪兒去了。
上一秒鐘出現，不知不覺間就消失。
明明好久沒有出現，卻突然冒出來。
即使想鼓起動力，也知道自己在勉強。
有時候別人會給予幹勁，
但有時候馬上被另一個人奪走。
別人叫你鼓起幹勁，卻不像是機車的油門一催就發動，
而當它好不容易出現時，有時候卻已經不需要了。

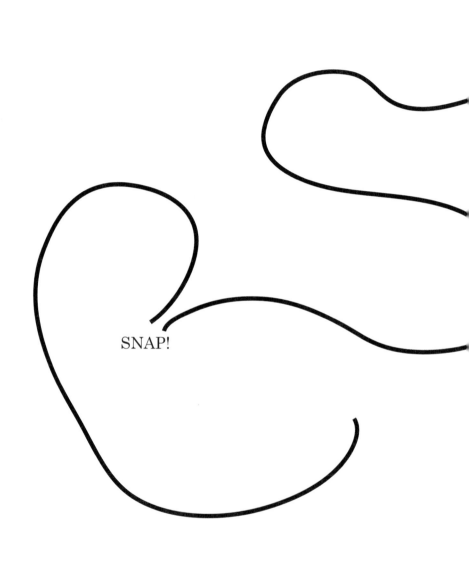

SNAP!

動力不聽使喚

明明動力在自己心中，
但卻無法隨心所欲地控制它。
這一點，所有人都一樣。

一旦發生好事，動力就會出現。
一旦發生壞事，動力就會消失。
它會對外界發生的事情產生反應。

若是什麼也不做地置之不理，
動力就會受到「你身邊發生的事情」左右。

Switch?

FIND A SWITCH

不過，總是精力充沛，
不斷完成大事的人，
十分清楚「如何與自己的內心相處」。

他們不會勉強自己鼓起動力，
也不會等待動力出現。

這種情況下、這種心情時……
怎麼做的話，能夠鼓起幹勁呢？
人擁有好幾個「動力的開關」。

因為意識到它，所以看得見。
知道自己之所以消除動力，
是「因為自己一直在等主動消除動力的契機」。
所以不會受到心情左右，
能夠自己刻意地左右心情。

不要受到心情左右，
而是刻意地左右心情。

求神保佑

參拜

過年第一次去神社參拜，拍手行禮，拚命祈求。

「希望今年能學好英文」，
祈求時，即使幹勁十足，
但事後變成「我要念英語會語，
等看完這個節目再說」，
或者「我要減肥！但等吃完這塊蛋糕再說」，
一瞬間就輸給了眼前的誘惑。

連這短短的「一瞬間」都不能隨心所欲，
要按照自己的意思過人生，絕非易事。

可是，你重新意識到了這個事實。
為了瞭解「如何與自己的內心相處」，
重要的是先「意識到」。

對於自己而言，真正有益處的資訊是
簡單且理所當然的事，令人想說：
「咦？做那麼簡單的事就可以了嗎？」
「咦？那種事，我老早就知道了。」
「咦？我聽過好幾次了。」

試著改變意識，接觸之前就存在日常生活中的事物。
因為「**動力的開關**」就在其中。

試著改變意識，
接觸之前就存在日常生活中的事物。

這個方法不是我想出來的。
而是我以自己的方法解釋從各種地方獲得的知識和智慧，
一再嘗試，彙整眞正能夠使用的部分。

SWITCH

INDEX

Switch of Spirit

一個人的充電時間

SWITCH 01

自己選擇的事

young? old?

爲了知道動力的架構，
必須先知道刻意和下意識。

這幅錯視畫中，有兩種眞相。
依看法而定，看起來像是老婆婆，也像是婦人。
你能夠像這樣從畫中，挑選出內心期望的事物。

你現在看到的眞相也是一樣。
即使置身於一樣的環境中，每個人的感受方式也各不相同。
會從充斥於現實中、數量多如繁星的景象中，
挑選出自己意識到的事物。

舉例來說……

一旦買了GUCCI包，就會開始在街上看到GUCCI。

一旦心想「好想要那台車」，

那台車就會開始奔馳於所到之處。

懷孕的當下，會在街上看到爲數眾多的孕婦。

偶爾進入的店裡，經常播放喜愛歌手的歌曲。

將電腦換成Mac之後，就開始遇見Mac的使用者。

學會新的用語，那個用語立刻在別的地方成爲話題。

一旦知道「其實它很高級」，就會突然覺得那個食物變得美味。

聊起某個人，他就出現在電視中。

這種現象可以稱之為「吸引力法則」，

但也可以認為是，你意識到的事物，

從數不清的現實事物中突顯出來。

在店裡，有人在看商品的價格。

有人在看商品的材質，有人在看店內的裝潢。

有人說不定在想自己的錢包裡有多少錢。

人們像這樣看著一樣的東西，

腦海中出現的卻是截然不同的事物。

眼前看到、聽到、感覺到的現實事物。

會覺得它對於自己而言，是十分理所當然的事。

但其實，是自己的意識在揀選，

擅自認為經過條件篩選的景象是現實。

現實有好幾層，你會看著自己挑選的現實。

其中藏有動力的頻率，存在與其連結的開關。

⏻ 動力的開關

想起最近發生的巧合。

SWITCH 02

內心的螢幕

藍天！

現實就像是幻影。

因爲它會經過你的大腦加工、編輯。

每個人都會自由地拼湊畫面，

製作獨樹一格的劇情和景象。

你的眼睛就像是攝影機，只擷取想要的畫面，

按照自己的方式編導，投影在內心的螢幕上。

而且一心認爲那是「現實」。

心中有一面螢幕。

聽到「藍天」這兩個字時，會描繪「藍天」這個畫面的地方。

如今像這樣看書，擔心地想「咦？錢包收去哪了？」，

你的內心就會開始尋找錢包。於是，眼睛明明在瀏覽文字，

內容卻沒有進入腦海中。螢幕上描繪出脫下來的外套口袋，

以及放在玄關的包包裡面等畫面，眼睛在瀏覽的文字失去了意義。

能夠像這樣在腦海中描繪的影像，一次只有一個。
想到積極的事，就無法同時意識到消極的事。
無法同時在螢幕上描繪勝利的場景和失敗的場景。

所以，你想向別人傳達什麼時，
讓對方「在腦海中描繪什麼」很重要。
人會對接收到的「畫面」產生反應。

如果說「你不醜」，對方的腦海中會產生哪種影像呢？
（那個畫面應該不是對方變得很醜。）
如果說「這件衣服好可愛」，
對方就會接收到「只有衣服可愛，人不可愛是吧？」，
哪怕你想傳達「你好可愛」，對方也不會接收到。

再者，「描繪在內心螢幕上的影像」，

會讓人下意識地努力實現那個影像，使身體產生反應。

提醒孩子「別摔倒！」，

孩子腦海中描繪的影像會是自己摔倒的身影，

提高摔倒的機率。

如果不想讓孩子摔倒，傳達「好好走路」才是正確的做法。

光憑用語的意思，傳達不了。

重要的是讓對方在腦海中描繪你希望發生的事。

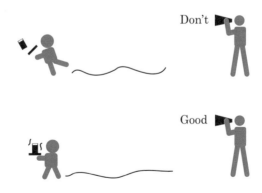

此外，滑雪板會朝自己看著的方向滑去。

如果看著想去的方向，它就會自行朝那個方向前進。

所以，一旦有人在視野中摔倒，就會忍不住望向那邊，

開始朝那裡衝過去。

這時，如果在腦海中祈求「但願不會摔倒」，

眼睛就會死盯著對方，直接衝向摔倒的人。

這時，可以倏地切換視點，

望向沒有任何人、能夠舒適滑雪的方向。

若是穿梭在樹與樹之間，

則應看著樹與樹之間，而不是看著樹。

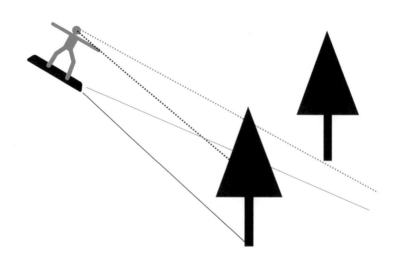

光是像這樣想像「假如發生的話」，

潛意識就會誤以爲你期待那件事，

讓身體朝那個方向產生反應。

所以，**無論任何時候，在腦海中只描繪好事、期望的事。**

⏻ 動力的開關

只在腦海中投影「期望的畫面」。

SWITCH 03

夢想是過去完成式

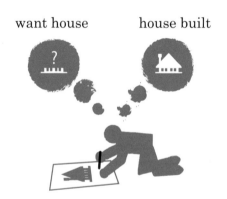

在腦海中描繪自己想要的事物。
將它寫成文章，或者告訴別人，是一件美好的事。

然而，**最好不要太過強烈地祈求。**
因為越強烈地祈求，「潛意識」就越認為「它很難實現」，
如果不強烈地祈求，它就不會實現。

想要那個。
可是，為了得到它，必須歷經千辛萬苦。
如此心想的人，看也不會看簡單的方法一眼。
只對伴隨辛苦的方法產生興趣，心無旁騖地開始奮鬥。

想要那個。

可是，搞不好會意外輕易地到手。

如此心想的人，會著手於身邊最簡單的方法，

出乎意料之外地，輕易地實現。

若從「說不定很簡單」這個角度看待事物，

「潛意識」就會讓你想到簡單的方法。

要獲得這種「說不定很簡單」的心情，

必須先得到已經獲得渴望事物時的心情。

若是擁有這種心情，

就會處於「獲得渴望事物是理所當然的」這種心理狀態。

為了獲得這種心理狀態，有一個方法是將「現在想要的事物」，
在心中改寫成「早已到手的事物」。

像是「改天想蓋一間房子」這個夢想，要怎麼辦？

若是「終於蓋了房子」，未免太過戲劇化，成就感揮之不去。

所以要改寫成「蓋了房子之後，已經過了兩、三年啊～」，
這種已經安頓下來，過去完成式的說法。

讓內心習慣「那已經完成，對於自己而言，是習以為常的事」
這種虛構的事實，如此一來，想要的事物就會自己靠過來。

⏻ 動力的開關
期望要改寫成過去完成式。

約定俗成的現實

Rule

你置身於約定俗成的現實之中。

不可以把腳跨在桌上。

用餐時，不可以站著或走來走去。

不可以插隊。

不可以排擠別人……等。

約定俗成的現實是指，像這樣由從小學到的規則所打造的現實。

若是置身其中，就會看見原本看不見的東西，

看不見原本看得見的事物。

舉例來說，有兩個孩子在沙坑玩，

嘰嘰喳喳地說「從這邊再過去是大海！」，玩得十分起勁。

「掉下去的話，三秒之內就會被鯊魚吃掉～這塊石頭是地雷，踩到

就會爆炸唷～！」

這時，另一個毫不知情的孩子來了。

看在旁人眼中，那裡只是一般的沙坑，

但是另一個孩子一腳踏入其中的那一瞬間……

原本的兩個孩子高喊「啊，那裡是大海唷！快點過來這邊！」、

「鯊魚要來了！」，另一個孩子不知所措地快步逃了出來。

這一瞬間，另一個孩子依照約定俗成的規定行事。

他在沙坑中，看見了新的現實。

依照孩子們的協定而打造的現實。

進一步而言，大人的現實＝公司。

然而，希望你別忘了眼前的現實，

是按照你和眾人之間的約定所呈現的現實。

你最好想起，假如你認為「我絕對做不到、無法變成那種人」，

不知不覺間，「我絕對做不到、無法變成那種人」這種想法就會深植腦海，但那只是一種假象。

因為那是你的一心認定，並不會限制你的行動。

⏻ 動力的開關

試著打破自己內心的協定。

SWITCH 05

內心的頻道

Change!

假如令人沮喪的事情接二連三地發生，就要注意。

你的內心持續地試圖發現令人沮喪的事物。
內心變成這種模式時，令人沮喪的事情會陸續發生。

內心就像是單一頻道的電視，
該頻道一直播放「令人沮喪的節目」。

快遲到了。找不到鑰匙。皮包的拉鍊咬住了手帕。
撞到別人的車。因為超速而被警察逮捕……

有的人焦躁不安，心想「為什麼我這麼焦躁不安呢？」，試圖消除
焦躁。然而，投射在內心螢幕上的「焦躁的現實」不斷地帶來令人
焦躁的事。

所以，**不要讓內心被負面的事情牽著鼻子走。**
不要繼續下去。不要執著。
如果改變內心模式，倏地轉換頻道，就能擺脫令人沮喪的事。

這種時候，有一句最棒的話。

那就是

「那不是真的！」

或者

「開～玩笑的啦！」

這麼一來，就會斷絕原本的內心模式。

若是討厭的事物一再浮上心頭，就不斷地想起一樣的話。

斷絕原本的內心模式之後，立刻就會投射出清新、爽朗、柔和、平靜的景象，展開新的現實。

你或許會覺得幼稚。

可是，大腦是以語言思考，所以光是使用不同用語，
就能轉換思考的方向。

不擅長轉念的人，有一句像是咒語的話，
即使不轉念也能斷絕原本的內心模式。

（這句有效的話，是朋友教我的。）

假如發生悲傷的事，立刻就說：

「常有的事、常有的事。」

儘管如此，還是繼續發生的話，就複誦：

「這是幻覺、這是幻覺。」

⏻ 動力的開關
假如令人沮喪的事接連發生，就說「開～玩笑的啦！」

SWITCH 06

煩悶筆記本

Worry

沒來由地提不起勁。

內心像是蒙上了一層霧。

這種無法言喻的不安是什麼呢？

若是對這種心情置之不理，

煩悶就會像怪物一樣成長，增生。

令人感覺遲鈍，進一步奪走幹勁。

這種時候，要試著寫在紙上。

寫下所有令你心情憂鬱的原因。

不要在腦袋中處理，而是試著實際化爲文字。

啊，是這個嗎？

啊，是那個嗎？

——寫下浮現腦海、「像是原因的事情」，

原本在內心表層的煩悶就會剝落，

從底下浮現新的煩悶（＝眞正的原因）。

光是單純地從內心扯出這些原因，化為文字，
站在客觀的立場審視它們，心情就會變得輕鬆不少。

試著化為文字之後，經常會心想「其實沒什麼大不了的嘛」。
也經常會意識到A和B是一樣的問題，以抽鬼牌的要領，
減少手邊的好幾個問題。

因為問題不是問題本身，而是問題使內心「變得憂鬱」。

釐清問題，展開解決問題的行動之前，有一件該先做的事。
那就是想像「解決問題之後，如今的心情會變成怎樣的心情」。
讓內心習慣那種心情之後，再著手處理問題，就會迅速解決。

不能忘記的是，
你的內心期望的事物，不是解決問題本身，
而是解決之後，爽朗的內心狀態。

⏻ 動力的開關
在紙上寫下在意的事。

睡眠狀態

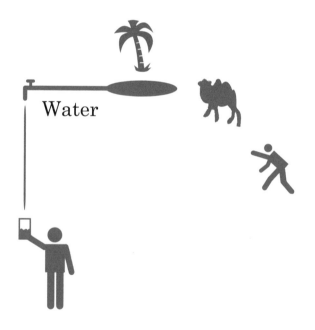

Water

口渴之前，補充水分。
因為口渴時，已經出現脫水症狀。

動力消失之前，也要維護內心。
因為動力消失時，內心已經動彈不得了。

工作排太滿而喪失幹勁。
這是排行程上的疏失。
要經常確認每一天的行程，
想像「內心在什麼時候，可能會處於何種狀態」，排入預定行程。

即使休息，也不要關機，而是進入睡眠狀態。
只要內心維護得宜，無論何時，
它都能靈敏地反應。

翻閱記事本，沒來由地感到不愉快的日子，
要排入一個獎賞自己的預定行程。

好讓自己迫不及待那一天的到來。

⏻ 動力的開關
確認行程，預測那一天的心情。

SWITCH 08

編輯記憶

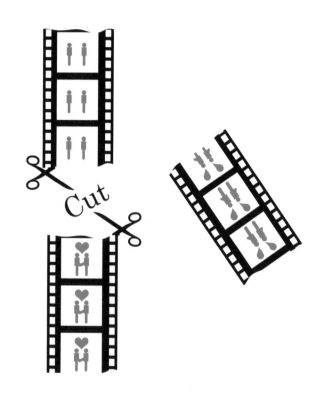

動力產生自欲望。

可是，隨著年齡增長，有些東西會阻礙欲望。

昨天的自己、今天的自己、明天的自己。

有三個你。

「昨天的自己」是記憶，

「明天的自己」是希望。

小時候的「今天的自己」，

在判斷什麼時，

總是會找「明天的自己」，而不是「昨天的自己」商量。

但是，

變成大人之後，大多會找「昨天的自己」商量。

而和「昨天的自己」展開對話的那一瞬間，

能夠想像今後的事，自行封鎖內心。

會劃地自限，覺得自己的能力僅止於此。

「昨天的自己」究竟具有多少說服力呢？

「昨天的自己」是單純的記憶集合體。

然而，那些記憶眞的正確嗎？

「當時，我被A甩了。」

「咦？A喜歡你耶。」

「不不不，你記錯了。我記得很清楚。」

「沒那回事。大家都知道。」

「咦？！眞的嗎？我的內心受了重傷。其實，如今也還沒痊癒。」

這是同學會中，常有的對話。

諸如此類，這世上沒有比記憶更不可靠的東西了。

它會不斷變質，話說回來，從一開始就記錯的可能性也很高。

然而，被記憶的那一瞬間，它會被當作「事實」處理。

此外，也會依當事者如何編輯而改變。

某業者編輯了結婚典禮的影片。

新人將同一支影片交給哥哥，請他編輯。

業者編輯成了令人感動的劇情。

但是，哥哥留下的全是用餐的場景。

像這樣，即使拍一樣的影片，編輯後也會變成兩樣情。

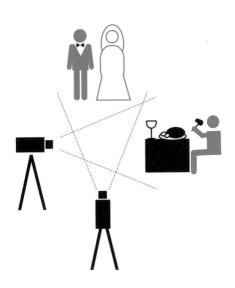

喜好會清楚地反映在編輯方式。

換句話說，若是刻意編輯，無論是好事、壞事，

或者好笑的事、悲傷的事，什麼事都能製造出來。

「才不是哩。A是顧慮到你，故意表現得冷淡。」

「你那時候爲什麼不告訴我？！」

「我以爲你一定知道。」

「我一～直很傷心唷。」

記憶的錯誤多到數不清。

「昨天的自己」也可以說是錯誤的集合體。

假如有乏味的記憶，最好重新編輯一次。

太棒了，沒有任何可怕的東西了。

愉快得笑到停不下來。

小學、國中、高中、大學……的所有回憶都令人難以捨棄。

無論是唸書、運動、玩樂、戀愛，統統都挺不賴的。

如果能夠像這樣追憶令人雀躍的感受，

「昨天的自己」，一定會給予美好的建議。

⏻ 動力的開關

將回憶改寫成「好事」。

SWITCH 09

幻想日記

Dream Diary

「今天的自己」找「明天的自己」商量。

但是，「明天的自己」沉默寡言。

爲何呢？

「今天的自己」四周的各種條件，

令「明天的自己」有口難言。

「好想來一趟長期旅行～」（＝希望）

「可是，要怎麼請假？」（＝各種條件）

「好想要一棟別墅～」（＝希望）

「別傻了，現在的房貸都還沒還完。」（＝各種條件）

「想吃許多美食！」（＝希望）

「不是決定要減肥了？！」（＝各種條件）

想讓「明天的自己」從阻礙希望的各種條件中解脫。

爲了做到這一點，幻想日記是一個有效的方法。

將「假如發生那種好事的話」這種幻想，寫成日記。

「今天和那個人手牽手。內心一陣揪緊。」

「開前幾天買的保時捷，馳騁於海岸線，發現了想要已久、

跟理想中一模一樣的別墅。」

「我辭掉了工作，決定在沖繩待到高興爲止。」

發揮豐富的想像力。

就連之前認爲是禁忌，或者連想都不該想的事，

因爲是幻想，所以可以儘管寫。

因爲是幻想，所以沒有不可能。

你在日記中，可以是無所不能。

而寫幻想日記的過程中，會產生某種情緒。

原本應該引發事情的情緒。

你想要接觸這種情緒，冀望那件事。

你的內心尋求的不是發生的事情，而是這種情緒。

試著接觸這種情緒，恢復成「今天的自己」。
難道不能不犯禁忌，經由別的劇情，
產生那種情緒嗎？

你原本受到各種條件阻礙，甚至忘了你想接觸這種情緒。
幻想會開啟那種情緒的門。

※不過，要小心保管幻想日記。
萬一被誰看到，會引發災難。

⏻ 動力的開關
試著以日記的形式寫幻想的未來。

SWITCH **10**

下意識地搜尋

Flash

有時候走出家門時，會心想：

「啊！好險！差點忘了文件。幸好想起來了。」

明明在思考跟這完全無關的別件事，

但這件事卻像是靈光一閃似的，落入自己的意識中，

覺察到宛如靈感的東西。那究竟是什麼呢？

或者和誰在喝酒，

經常會遇到這種情景：

「那個人叫什麼來著？啊～明明差那麼一點就想出來了。」

知道他的長相，但卻想不出名字。

可是喝完酒散會，踏上回家的路，

微醺地淋浴時，答案沒頭沒腦地從天而降。

「啊！我想起來了。他是×××。」

真是不可思議。那究竟是從何而來的呢？

答案似乎是「潛意識」在作祟。

人能夠意識到的事物稱爲「顯意識」。
「顯意識」連試圖想起「他叫什麼名字？」這件事都忘了。
但是，只要問存在其底層的「潛意識」一次「他叫什麼名字？」，
「潛意識」就會一直搜尋記憶，鍥而不捨。

而潛意識搜尋到答案時，答案就會翩然降臨。

爲了好好地與這種潛意識相處，
最好針對某些想要想起來的事，
對自己發問。

舉例來說，即使是看起來覺得困難的事，
也不要認爲「做不到」「很困難」「不可能」就放棄，
而是將問題改變成「爲了那麼做，該怎麼做才好呢？」，
潛意識就會讓你靈光乍現。

還少了一點巧思。

如果問「該怎麼做，這個企劃才會寫進客戶的心坎裡？」，

就會想到之前想也想不到的好企劃。

哇啊！這也得做、那也得做。

如果問「該從何著手才好呢？」，

就會出現「果然要從這個做起！」的工作。

要舉辦一場許多第一次參加的人的聚會。

如果問「該怎麼炒熱氣氛呢？」，

腦海中就會浮現適合當司儀的人的臉。

突然想到「啊！對了，要跟她聊一聊」，一打電話，

結果對方說「其實，我也正想跟你聯絡」，對話順利地進展。

若是知道如何與潛意識相處，一切進展都會變得順利。

相對地，事情進展不順利的人的口頭禪、
思考的毛病大多十分類似。

爲什麼進展不順利呢？
爲什麼到處都沒有可靠的人呢？
爲什麼毫不雀躍呢？
爲什麼明明努力了，卻沒有成果呢？
爲什麼不有趣呢？

這種人無法靈光乍現。
因爲「沒有的東西就是沒有」。
不管怎麼找，「沒有的東西」也不會跑出來。

這跟網路一樣。
搜尋「山﨑拓巳」，不會搜尋到「不是山﨑拓巳的東西」。
然而，若是試著將問題改變成「有答案的問題」，
潛意識就會開始尋找答案。

該怎麼做……

才會進展順利呢？

能夠遇見可靠的人嗎？

會滿心雀躍嗎？

成果會更佳嗎？

會變得有趣嗎？

像這樣改寫成始於「該怎麼做……」的疑問形式，

頓時就會搜尋到答案。

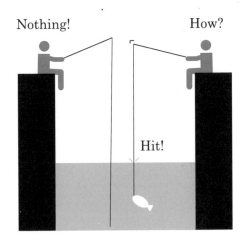

同樣地，

「想去國外旅行，但是奶奶臥病在床，所以根本去不了。」

那麼，潛意識就完全不會尋找，而在原地打轉。

「該怎麼做，即使奶奶臥病在床，也能去國外旅行呢？」

於是不久之後，**潛意識就會讓美好的點子浮現在顯意識**。

靈光乍現之後，馬上付諸行動。

靈感從天而降之後，倏地行動。

這種速度會使幹勁更加威力十足。

⏻ 動力的開關

遇到問題的話，問一問「潛意識」。

SWITCH 11

恆常性

Fire!!!!!!

為何昨天的那股幹勁，沒有持續到今天呢？

明明前一晚興奮過度而睡不著覺。
到了隔天，那種幹勁卻像一陣風般消失無蹤。
我對於這樣的自己感到失望，責怪自己是個沒用的傢伙。

但有一次，我知道不只是自己如此，
所有人身上都會發現這種現象，於是感到放心。
人的潛意識有一種特性。
我想，假如更年輕的時候知道這種特性的話，
我就不必傷害自己了。

恆常性。

人有一種「想要隨時維持該狀態」的特性。
如果天氣熱，身體就會出汗，試圖降低體溫，
如果天氣冷，肌肉就會顫抖，試圖提升體溫。

情緒也是一樣，如果嗨翻天，就會重重地掉下來。
這是恆常性在作祟。
它會以生理和心理的現象呈現，試圖恢復原狀。

愛上某個人。喜歡得要命。

光是對方五分鐘不跟自己聯絡，就很痛苦。

但是有一天，這種心情突然像風箏斷了線一樣斷絕了。

結婚前也是如此。

突然感到不安，懷疑這個人是否為合適的終身伴侶。

喪失自信，不確定自己是否真的愛這個人。

過度高漲的情緒，一口氣盪了下來。

這正是恆常性在作祟。

所以，變化最好「慢、慢、地」。

一點一點地習慣新的事物，充分適應之後，再邁向下一個階段。

就結果而言，這能夠最快地改變。

高處訓練正是如此。

若是突然爬到山的高處，就會得高山症。

自己的身體對於處在「氧氣稀薄的地方」

感到理所當然之前，必須讓身體慢、慢、地適應高處。

內心急劇的變化會回到原點。

所以，越是心情亢奮、鬥志十足時，

越要安撫自己「冷靜、冷靜」。

情緒高漲多少，就會盪下來多少。

並非幹勁消失了。

如果能夠自覺到「現在是情緒低落的時候」，

當情緒再度高漲之前，就不必自責，或者半途放棄了。

⏻ 動力的開關

讓自己適應下一個階段。

SWITCH 12

一味地反覆

Automatic!

高手在做的事，看起來非常簡單。

無論是運動、演奏、遊戲、舞蹈，

看著高手在做，就會覺得自己也做得到。

可是實際模仿，才發現那是非常困難的事，大吃一驚。

工作也十分類似。

越能幹的人，越能看似愉快、輕易地完成許多工作。

因為工作就像手腳一樣，是身體的一部分，

所以做起來得心應手。

人一次只能意識到一件事。

儘管如此，並非只能做一件事。

開車的人會一面繫安全帶，發動引擎，檢查後照鏡，

一面配合車速換檔；一面放開煞車，一面打方向燈；

一面確認前方，一面……

能夠行雲流水地完成這種一連串的行爲。

然而，駕駛不會意識到每一件事。

那麼，爲何不必意識到它們呢？

那是因為一再反覆，讓身體記得了。

技術一旦學會了，就很難忘記。

所以，要一味地反覆基本的工作。

不斷反覆，直到能夠下意識地自然行動為止。

如此一來，就能在完成平常的工作同時，

專注於新的工作，

看在旁人眼中，其一舉一動看起來非常輕鬆自如。

⏻ 動力的開關

要讓身體記得該做的事。

SWITCH **13**

自我形象

Imagine!

我不是那種人。

那不像我。因此，那麼做才像我。

依照我的個性，那麼做的話就糟了。

認知到我是「我」，判斷我是這種人、這種個性。

這個「我」，究竟是什麼呢？

從出生到今天為止，

遇見的人、發生的事、環境，塑造了「我的風格」。

這稱為自我形象，是自己給予自己的形象。

父母、朋友、老師對你說的話。上司、比你資深的同事對待你的方

式。擦肩而過的人的視線、自己對自己所做的事的評價……等，基

於無數的經驗，限定「自己是這種人」。

我該那樣。那就是我。

我不該那樣。非那樣才是我。

穿衣品味佳。喜歡瑣碎的事。死心眼。不想被人覺得奇怪……
藉由像這樣限定,維持自我認同。

舉例來說,像是打保齡球,總是拿120分左右的人。
狀況不好時,聽到別人說:
「沒想到你保齡球打得這麼爛。這樣下去的話,
搞不好你連100分都拿不到。」
因而心頭一怔,潛意識感到「那不像自己」,
突然連續好幾次全倒。結果拿到120分左右。

相反地,狀況好時,聽到別人說:
「你保齡球打得很棒耶。說不定能拿180分左右。」
因而狀況變差,結果拿到140分左右。

適中的地方，不高也不低。

決定這裡就是像自己的地方，待在其中就感到安穩。

那裡叫做舒適區，光是待在那裡就感到舒適。

低於那裡感到恐懼。

而同樣地，高於那裡也感到恐懼。

這是用來避免破壞自我形象的防護罩。

但一有了這層防護罩，同時也會阻礙向上提升。

「那些人好厲害。可是跟他們在一起的話，一定很累。」

這句話是為了不想走出舒適區的人而存在。

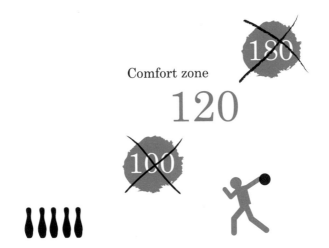

Comfort zone

想提高收入。想變美。想提高分數。

想出人頭地。想讓生活穩定。

光是這麼想，自我形象也會阻礙你。

想提升自己的等級時，自我形象也必須一起提升。

該怎麼做才好呢？

有一個方法是假裝自己變成了自己的偶像。

扮演「已經變成那樣的自己」，以「已經變成那樣的自己」行動。

以「已經變成那樣的自己」的腦袋思考、用餐、

與人見面、面向電腦、睡覺。

過著這種生活的過程中，

就會漸漸地習慣「已經變成那樣的自己」。

另一個方法是，

習慣自己偶像聽的東西、接觸的東西、吃的東西。

讓自己和他呼吸一樣的空氣。

前往他們常去的地方，使用他們常用的用品，
在他們常遊玩的地方玩。

某位成功者似乎會整天一直坐在超頂級的飯店大廳，
觀察來來往往的人們。
在平凡無奇的日子，到一流的餐廳用餐、
搭乘頭等車廂或頭等艙，住宿於套房，
讓自己習慣上流人士的感覺。

一旦自我形象提升，對於自己不是那樣，
就會感到不自在。
所以，動力自然會湧現。

看到這裡，
會想「稍微試看看吧」，
或者「好像不想做到那種地步」，
也都是自我形象在作祟。

⏻ 動力的開關
虛擬體驗憧憬的生活。

SWITCH 14

自我形象 2

Go to High-Level

有一個最有效率的提升自我形象的方法。

雖然是激烈手段，但是立即見效。

那就是一頭栽進置身於自我目標區的群體。

一開始應該會非常不自在。

因為是位於舒適區之外的區域，所以感到不自在是理所當然的。

會感到緊張，十分疲憊。

也無法加入眾人你一言、我一語的對話。

頭一下左、一下右，簡直像是網球比賽的觀眾。

說「我先告辭了」，退出時，臉頰痠痛。

因為你一直以不自然的方式在笑。

回到家之後，鬆了一口氣。

感慨萬千地心想，果然這裡才是自己該待的地方。

但一再前往的過程中，

不知不覺間，狀況會變成「去那邊比較輕鬆」。

在那裡的人們使用獨特的用語和表達方式，

但是自我形象好像隨著被他們傳染口頭禪而逐漸提升。

「成功人士是一部分的人」，

這在一般人之間，是見仁見智的說法。

相較於整體數量，成功人士或許只是一小部分。

可是，那些人形成群體。

而置身其中的人，個個成功。

因為成功的鳥會成群飛翔。

重要的是，是否加入其中。

要加入並不容易。

因為人有能量的高低之分。

能量就和水一樣，從高處往低處流。

成功人士知道這種能量有限。

所以，能量低的人會討厭新加入的人。

重要的是，你能夠給予群體多少能量。

不要想從群體獲得好處，而是試圖派上用場。

要散發出愉快的氣氛，並且展現「樂於效勞」的態度。

⏻ 動力的開關

一頭栽進偶像們的群體。

SWITCH **15**

誇獎的效果

Praise

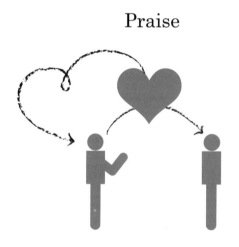

大腦會使用語言思考。
你知道哪種用語、
常用哪種用語，
會對你本身造成影響。

所以，人們常說：「改善口頭禪，人生就會改善。」
最好使用好的用語，說正面的話，時常讚美。

然而，這很難刻意做到。
因為和別人說話時，大多會變成毫無防備的狀態。

為了刻意使用好的用語，

最簡單的是「誇獎別人」。

你總是打扮得很好看。你擁有優異的才能。

那個髮型很適合你。你反應真快。你是體貼他人的天才。

像這樣誇獎人，對方一定會很開心。

可是，其實你自己似乎更開心。

因為人的大腦有一項特徵是「不認知主詞地處理資訊」。

說「A很厲害」「B很棒」時，

你的大腦會處理為

「我很厲害」「我很棒」。

相反地，壞話也全部會返回己身。
如果說「那個誰差勁透頂」，
你的大腦似乎會處理爲
「我差勁透頂」。

也就是說，能夠誇獎別人，激發別人動力的人，
同時也在誇獎自己，激發自己的動力。

⏻ 動力的開關
誇獎別人的優點。

SWITCH 16

咒語

Affirmation

咒語。

有些話光是出聲說出口，就會指引自己的內心「美好的方向」。

「一切都進展順利。」

好事發生就感到開心，

壞事發生就感到沮喪，

產生這種反應，代表你沒有掌握內心的主導權，

內心隨著外界的事情起舞。

不要讓內心受到眼前發生的事情所惑。

壞事發生，快要垂頭喪氣時，

若是低喃「一切都進展順利」，

投射在內心螢幕上的景象就會變得光明，

到處出現通往解決問題的大門。

此外，會讓你意識到，

老天爺是故意讓這種痛苦的事情發生，

好讓事情演變成之後的好結局。

「驚人的事會輕易地發生。」

要引發驚人的事，需要相當的努力和付出。
如此認定的人，縱然眼前有進展順利的機會，
也不會察覺，視而不見。

若是低喃「驚人的事會輕易地發生」，
就能發現之前看不到的好方法。

從做好接受機會的準備那一瞬間起，
美好的事情就會不斷地聚集而來，
之前想要的事物會輕易地實現、到手，
令身邊的人大吃一驚。

「我選擇光明。」

光線越強，陰影也越濃。

而人比起光明，更容易相信黑暗。

焦躁不安、憤怒時，

會招來令人更加焦躁不安、憤怒的事情。

內心的某處也會樂見這種狀態。

如果不幸福，就不會招來幸福。

所以，要將自己的人生設定為幸福，盡是有趣的事。

若是低喃「我選擇光明」，

光是如此，就能聚焦於事物光明的部分。

而且能夠接觸到內心的平靜。

⏻ 動力的開關

心情紛亂的話，就以咒語撥亂反正。

SWITCH 17

煩惱諮詢

Conference

經常想要救溺水的人，結果連自己也溺水。

救人需要技術。

若是別人找你諮詢，

有時候會覺得別人在依賴你，不禁感到開心。

可是，最好不要突然陷入煩惱的人的情緒之中。

A：「我有煩心的事。」

B：「這樣做不就好了嗎？還有，這樣、這樣、這樣做就好了。」

A：「啊～怎麼辦……（有聽沒有到）」

B：「咦？我剛才不是說了答案嗎？！」

煩惱的人不知道自己正在朝哪個方向走，所以無法接受解決方法。

其實他們真正想知道的不是方法，而是宣洩出口。

最好先決定宣洩出口。

想像解決那件煩心的事時，

對方的心情究竟會變得如何，

先以那種心情填滿自己的內心之後，

（對方應該會忍不住面露微笑，或者心情變得平靜吧。）

試著向對方傳達自己想的解決方法。

不見得要傳達解決方法，閒話家常也可以。

該傳達的是解決時的內心波長。

A：「我有煩心的事。」

B：「喔！你一定可以輕鬆解決的。啊！對了，你好像去看了那個展覽嘛。」

A：「對啊！挺棒的唷～！」

迅速地跳脫情緒有點低落的狀態。

這麼一來，對方應該就會自己找到解決方法，

或者接受你的建議。

⏻ 動力的開關

想像對方解決問題時的心情，

以那種心情的波長傳達解決方法。

SWITCH 18

有幹勁的眼神

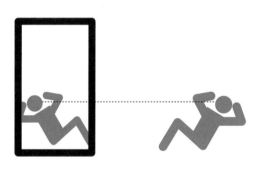

Training

有一個簡單的方法可以檢查自己的幹勁，
那就是照鏡子，確認自己的眼神是否有力。
專注時、有動力時，眼神應該有力。

然而，有的人在自己沒意識到的情況下，
習慣眼神放鬆。
要確認自己有沒有這種毛病。

明明自己說話時還好，
但是別人一開始講話，眼神頓時就會放鬆。

明明自己的事成為話題時還好，
但是一旦別人的事變成話題，眼神頓時就會放鬆。

眼神放鬆的話，經常會吃虧。
別人的話和句子不會進入腦袋，
而且會給人「這個人不行」的印象。

動力會像這樣，以姿勢和狀態呈現出來。
反過來說也成立。
光是採取鼓起動力時的姿勢，動力就真的會出現。

這跟一直用腹肌使力，腹部就不會凸出是一樣的原理，
刻意用眼神使力，露出「好像有幹勁的眼神」，
就會突然產生動力。

運動流汗，就會產生活力，
但光是泡澡流汗，也會產生動力。

你有動力時，究竟是哪種狀態呢？

⏻ 動力的開關
讓鏡子裡的自己鼓起幹勁。

SWITCH

19

需求層次

Desire

你是否受夠了你自己呢？

如果受夠了，就到了改變工作目的的時候。

不斷改變的人，反而會被人說「你都沒變耶」，
而不願改變的人，往往會不斷改變。

人工作的目的原本是「為了餬口」。

也就是為了避免餓死。

（那種時代，胃會讓人產生幹勁。）

需求以那裡為起點，變化成五個層次。

1　生理需求

食欲、睡眠欲等，生活所需的需求。

2　安全需求

避免危機、維持健康等，想要保護自己，
免於遭受對未來的不安的需求。

3　社交需求

想被愛的需求。想被人喜歡，不想被人討厭等，
也包含想歸屬於群體的需求。

4　尊重需求

想建立社會地位、想被人認同的需求。

5　自我實現需求

「自己想變成這樣」這種自我實現的需求。

（摘錄自馬斯洛的需求層級理論）

人一旦被滿足，就會厭膩。

如今，你的「工作理由」處於哪個層級呢？

想要是想要，但是沒有那麼想要。

想成為是想成為，但是沒有想到不惜犧牲那麼多。

這種心情也是改變需求質量的最好機會。

而改變目的的當下，經常會突然充滿鬥志。

假如只有自己的需求，驅動不了內心的話，

不妨加入「公益」。

「需求」＋「公益」＝「志向」

將「想去旅行」這種心情，改變成「想和夥伴去旅行」。

將「想要房子」這種心情，改變成「想改善居住的城市」。

將「想吃美食」這種心情，改變成「想推廣美食」。

產生「志向」的動力，沒有極限。

⏻ 動力的開關

試著改變賺錢的意義。

動力的眞面目

看我的！

這是有點憑感覺的事。

說到「努力」，就會悶著頭硬幹。
說到「盡全力」，就會竭盡全力去做。
重要的是「用心去做」這種內心狀態。

動力的真面目是「專注」，而不是「亢奮」。
「專注」和「亢奮」十分類似，但截然不同。
它們之間的差異等同於「全心全意」和「卯足全力」。

有一句話是「唯有全心全意時，神的意志會運作」，
集中精神時，會有一股超乎自己能力、看不見的力量在運作。

不是亢奮地拉高情緒，
而是集中精神，維持「情緒較高的平常心」。
宛如拿著毛筆的書法家般，內心寧靜澄澈。
無論再忙的時候，也感覺到寂靜的人，
結果工作效率最高。

⏻ 動力的開關
雙手合十，集中精神後，著手工作。

解決費時、費力工作的魔法

Pin-point!

面對大量的工作，感到頭暈，越來越煩躁。

動力在一瞬間消失，心情變得越來越憂鬱。

明明這種時候，更是需要活力（以及開朗的心情）。

為了讓消失的動力重新萌生，

方法是「非常仔細地做眼前的小事」。

處理內容冗長、難以進入腦中的文件時，

反而要慢慢地花時間，非常仔細地閱讀。

工作太多，不知道從何著手才好時，

要非常仔細地解決眼前的小工作。

打掃房間時，

若只先決定眼前的一個地方，

慢慢地仔細打掃，

往往不知不覺間，整個房間都像施了魔法似的變乾淨。

讓「內心」存在「當下」，成為「用心」。

看起來總是有動力的人，其實知道這一點，

溫柔地對待自己的內心。

⏻ 動力的開關

開始非常仔細地做眼前的小事。

SWITCH 22

懶得出門時

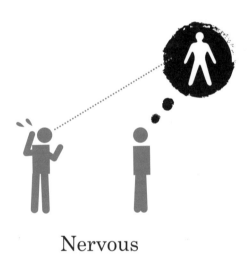

Nervous

「沒辦法。只好做了。」
你是否會像這樣無視於自己的內心，
強迫自己產生動力呢？
這麼一來，內心就會變成像是扭傷或骨折的狀態，
之後產生不了動力。

不可以突然驅動冷卻僵硬的內心。
要謹慎地熱身，讓它「產生興趣」。

舉例來說，不想和人見面時。
是因為緊張、害怕、懶惰。

這種時候，
要心想「為何那麼想呢」？
試著尋找其原因。

為何緊張呢？

因為希望他喜歡我。

為何害怕呢？

因為聽說他是個工作能力非常強的人。

為何懶惰呢？

因為認為沒有好處。

光是分析、能夠掌握原因，起碼「討厭的感覺」就會減半。

此外，也經常明明想去，但是出門之前，突然覺得麻煩。

這種時候，要好好地哄騙自己，讓內心產生興趣。

這就跟引導孩子一樣。不要斥責。

而是要好言相勸，讓內心產生「那去吧」這種心情。

「不想去的時候，反而事後覺得幸好去了。」
「假如覺得無聊，過程中回來就行了。」
「稍微去看一下情況吧。」
「放寬心。別勉強。沒有獲得任何結果也無妨。」

欸，既然這樣，好吧。

若以這種心情出門，心情往往就會豁然開朗，
出現超乎期待的結果。

⏻ 動力的開關
一面哄自己，一面溫柔地誘導。

SWITCH **23**

跟自己開會

Write!!!

一天跟自己開會一次。

在自己覺得舒服、喜歡的地方，

一面喝美味的咖啡，

一面在筆記本上寫下在意的事，

或者在紙上寫下浮現腦海的事。

不要深入思考，只是寫下來就好。

若以電腦來說，

就像是將之前存在自己心中、

占記憶體的許多事情，移到外接的記憶裝置。

也就是說，處理速度會變快，能夠客觀地面對心中的事情。

光是將壓抑在內心的情緒釋放出來，

心情就會變得相當高昂。

將這些情緒釋放出來，

它底下的情緒又會出現。

寫下它們，會使底下的其他情緒又浮現上來。

最上面的情緒阻礙，使得在底下悶燒的情緒出不來。

這是「莫名提不起勁」的狀態。

所以，要寫下來。

如果能夠寫下來，自然就會找到該做的事。

「昨天好像有點自以為了不起？」

→下次說話時要注意。

「酒喝太多了？」

→今天別喝酒。

「我傷了那個人的自尊心？」

→總之，先打個電話給他吧。

有些事情要花時間解決。

可是，先知道該做的事很重要。

越清楚該做的事，新的「靈感」就會降臨。

⏻ 動力的開關

一天擁有跟自己開一次會的時間。

SWITCH 24

心靈圍牆

Block

所有人的內心都有一面心靈圍牆。
這是由認定所形成的意識之牆。

經歷越多、知道越多、想越多，
這面牆越堅硬。

如果深信不疑地認為「一定是○○」，
那或許就是心靈圍牆。

對於賺取金錢，有心理障礙的人……

往往會認爲：沒有錢也能變得幸福、追求金錢的人很低賤、
有錢人都很差勁、賺錢很困難。

對於自己被人愛，有心理障礙的人……

往往會認爲：我交不到情人、有情人很不自由、
沒有人會正眼看我、我忘不了前女友。

一旦有這種認定，就等於是主動避開賺錢和交男女朋友的機會。

爲了拆除心靈圍牆，
首先，要知道自己內心存在那種東西。

試著懷疑平常深信不疑的事情。
沒有錢也能變得幸福。心想：「爲何這麼認爲？」
這麼一來，就能意識到內心對於「賺取金錢」，
存在心理障礙。
這是不必要的，所以最好去除它。

做法百百種。最簡單的是試著化爲語言。
「我允許自己成爲有錢人。」
「我允許自己被人愛。」
接著，迅速地擺脫自己的成見。

⏻ 動力的開關
如果認爲「理所當然」，就試著懷疑。

SWITCH 25

語言的力量

Input

學習語言吧。

無關乎世代、國家、領域和方言。只要是語言，學就對了。

如果遇見陌生的用語，不要聽過就算了，而是記住它。

大腦會使用語言思考。

所以，知道的用語越多，思考的寬度也會越廣。

「太初有道」（In the beginning was the Word）。

知道新的用語，就會增加新的概念。

也就是說，你的世界觀會變得寬廣。

開始看見原本看不見的世界。

之前不感興趣的事會逼近你。

若是學會一個用語，

那個用語大多會在三天之內，

再次出現於街頭以及與人的對話中。

如果意識到它，就會發現原來它距離你那麼近。

⏻ 動力的開關

不放過新的用語。記住發音，瞭解意思。

SWITCH **26**

眞正想做的事

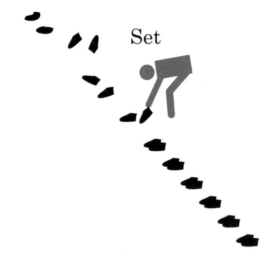

Set

關於一輩子的工作。

即使試圖尋找「想做的事」，也遲遲找不到。

若是轉換視點，開始尋找「派得上用場的事」，

馬上就會找到答案。

金錢、幸福和自由，

是產生自「別人替你做的事」和「你替別人做的事」的差異。

做的越多，獲得的就越多。

那麼，自己究竟能夠給予別人什麼呢？

要知道這個答案，只有一個方法。

日常生活中，有無數「必須做的事」，

要仔細且全心全意地致力於每一件事。

這麼一來，一定會發現讓你心想「噢，我喜歡這件事」的事。

做那件事的時間會如箭般飛逝。

那是你的職責，會給予你用之不盡的動力。

⏻ 動力的開關

一天一次，試圖刻意地幫忙別人。

SWITCH 27

冷靜！

Slow down

若是心情紛亂，投射在內心的現實也會亂七八糟。
若是置身於雜亂的現實中，一切都會開始失序。

明明陷入恐慌狀態，焦急著必須趕快，
卻拚命地做著無關緊要的工作。

肩膀緊繃，內心放鬆，
光是緊張，無法專注。
本末倒置。

這種時候，首先要調整呼吸。
慢慢吐氣，慢慢地將空氣吸入肺中。
於是，投射在內心的現實會開始穩定。

放鬆肩膀意外地困難。

可是，從手腕一路放鬆指尖卻很簡單。

一旦放鬆指尖，肩膀也會放鬆。

內心穩定時，呼吸會穩定，肩膀會放鬆。

所以，讓呼吸穩定，放鬆肩膀之後，內心也會逐漸穩定。

（呼吸穩定之後，或者從手腕一路放鬆指尖之後，

就不容易焦躁。）

還有另一個方法。

故意慢～慢地做所有動作。

感覺自己的每一個動作都看得到殘像似的。

我重視的畫面是，

一幅坂本龍一在十字路口正中央彈琴的畫。

一旦進入那個畫面中，時間就會變成我的。

⏻ 動力的開關

慢慢地深呼吸，放鬆手腕，

以慢動作行動。

SWITCH 28

持續順利地進行

Eraser

挑戰、獲得結果、成功。這種成功經驗會變成自信，

進一步促使新的成長。

然而，住宿在某個島嶼的旅館時，

垃圾桶上貼著一張紙，

上頭寫著：

「可燃垃圾和過去的成功經驗丟這邊」。

成功是美好的，但此一時，彼一時。

忍不住想基於和之前一樣的步驟，那麼一來，

成功經驗可說是打造了一個既有概念。

上一次的挑戰和這一次的挑戰，

條件、流程、站的位置、成員等多少會改變。

人的價值觀也會在一瞬間改變。

做一樣的事，並不保證就會順利進行。

不要只是一次順利進行，就希望一直順利進行。

為了做到這一點，每一次都要捨棄之前的想法，

從頭思考攻略方法。

這麼一來，就能維持自己的緊張感、新鮮感。

⏻ 動力的開關
每一次擬定不同的策略。

SWITCH 29

變 得 狀 況 不 佳 之 前

Slump

為何變得狀況不佳呢？

我曾聽過這件事。

打擊手的鐵則。

不可以對不擅長的球出手。

好的打擊手會在和投手之間的爾虞我詐中，

讓投手投出自己容易打的球。

如果被逼入絕境的話就另當別論，

否則不可以打不擅長的球。

狀況佳時，會忍不住揮棒打擊。

因為狀況佳，所以會打出安打。

然而，對自己不擅長的球出手的過程中，姿勢會微妙地崩解。

於是不知不覺間，狀況開始失控，有時候突然打不到球。

即使試圖恢復原狀，也不知道方法。

這就是變得狀況不佳的架構。

你明明很努力，卻得不到結果。

不久之前還狀況絕佳？

當時，你是否太得意忘形了？

越是狀況佳時，越要忠實於自己的型態。

重視基本，謙虛地度過。

狀況佳不會持續太久，但狀況不佳也不會持續太久。

⏻ 動力的開關

越是狀況佳時，越要回歸基本。

SWITCH **30**

變得狀況不佳之後

Meet master

變得狀況不佳之後。

首先，不要慌張。
變得狀況不佳時，更要讓內心平靜。
宛如在暴風雨中露營的登山客般，
以平靜的心，等待狀況不佳的情況過去。

內心平靜之後，心情會變得坦率。
接著，要去見諸事順遂的人。
因為光是見到運氣好的人，自己的運氣也會提升。

自己諸事不順時，
聽諸事順遂的人說話，應該需要能量。
內容一點也聽不進耳，也無法觸動心絃。
所以，要全部作為規則，筆記下來。

回家之後，以自己的方式彙整那份筆記。
於是，突然會產生動力。
光是接觸到好的資訊，人似乎就會恢復良好狀況。

⏻ 動力的開關
將諸事順遂的人說的話，全部筆記下來。

SWITCH 31

不挫敗的目標

Goal **A**

$1,000,000

Goal **B**

$500,000

Goal **C**

$250,000

比起「該怎麼達成」目標，

「該怎麼設定」更重要。

即使設定一個目標，

如果覺得過程中可能失去雀躍感、

就算努力，終究可能無法達成、

太過簡單，可能失去緊張感，

動力就不會持續。

所以，目標最好設定成A、B、C這三個階段。

A目標是「如果非常順利，或許就會達成」這種等級的目標。

B目標是「稍微拚一點就能達成」的目標

C目標是「最糟的情況下，起碼會達成」的目標。

設定最後的C目標，會決定今後。

不惜付出一切代價也要死守。這也是用來維護自尊心的目標。

因為如果失去自尊心，就無法前進了。

⏻ 動力的開關

目標設定成 A、B、C，三個階段。

SWITCH 32

古董和破銅爛鐵

Choice

古董和破銅爛鐵的差別在於，

價值會隨著時間經過而上漲或下跌。

人也一樣。價值會隨著年齡增長而上漲或下跌。

據說培育古董店學徒的最佳方法是，

一直讓學徒只看好貨。

即使告訴他這是真品、這是贗品，也培養不了審美觀。

持續只接觸真品，提升鑑賞力，不知不覺間，

自我品味就會提升。

重要的是，將「真品」設定為自己的「標準」。

不妨在頂級飯店的咖啡廳度過時光。

也可以去美術館，或者聽古典樂。

希望你去聽研討會，或者製造遇見優秀的人的機會。

如果持續只接觸好的事物，不久之後，

就會看見原本看不見的事物。

⏻ 動力的開關

接觸一流。持續接觸。

SWITCH 33

討厭的人

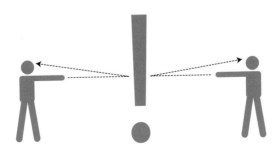

Hate

有喜歡的人，就有討厭的人。

有討喜的人，就有討人厭的人。

我討厭那個人的這種地方。

為什麼我會那麼討厭那個人呢？

答案是因為「你也具有那個要素」。

那個人在眾人面前，毫不在乎地顯露出你厭惡、

隱藏起來的那個缺點。

你不想讓人看到那種個部分。但是，那個人展現出來。

所以火上心頭。因為你的潛意識無法忍受。

所以，如果感到「我討厭這個人的這一點」，

就要意識到自己也有跟這個人一樣的缺點。

你討厭自己內心的那個部分。

試著接納那樣的自己，喜歡上那樣的自己。

接著，正面面對那個人。

因為他會教你一大堆事。

⏻ 動力的開關

從討厭的人身上學習。

SWITCH 34

最後的開關

Future

視覺、觸覺、聽覺、味覺、嗅覺。

如果使用五感，鮮明地想像未來，期待就會實現。

許多人知道這個法則。

可是，為何大多數的人都沒有付諸執行呢？

有位朋友說：「因為夢想實現之後，等著你的是死亡。」

蓋房子。十年、二十年過後，房子越來越舊。

生孩子。孩子成人時，你幾歲了呢？

到了五十歲，父母年逾七十歲，所以說不定需要看護。

未來的畫面像這樣變得具體，

「死亡」的形貌也不時地在腦海中出現。

因為尚未跟死神做個了結……所以害怕鮮明地描繪未來。

所以，視線忍不住從未來轉回當下。

死亡會抹滅自己的存在。

要接受這一點，恐怕很難。

可是，如果放下執著，看開的話，說不定就做得到。

因為人生自古誰無死？

思考「死亡」，就跟思考「誕生」一樣。

為了具體地描繪未來，必須思考死亡。

我相信死也能重生。

我認為，人一再地學習，磨鍊靈魂。

而我相信，**最能磨鍊自己的就是「工作」**。

究竟要磨鍊到什麼程度呢？

這麼一想，就能滿心期待美好未來的到來。

⏻ 動力的開關

去掃墓。

EPILOGUE

以最小的努力， 獲得最大的結果。

TRACK AND FIELD

人總是希望能跑得快。

內心充滿了想在比賽中獲勝這種心情。

可是，結果累積疲勞，無法發揮實力。

悶著頭練習，也不會變強。

結果學到了造成影響的不是毅力，而是科學。

如果基於扎實的理論練習，就會更靠近勝利。

如果沉醉於努力練習的自己，永遠也無法獲勝。

Dash!

以最小的努力，獲得最大的結果。

這是田徑賽吸引我的一項主題。

搞不好這世上還有無人知曉的祕密訓練法。

我滿心雀躍地尋找。

某間大學的田徑隊，會使用機車用力地拉扯選手，

讓肌肉體驗未曾體驗過的速度。

我體驗之後，試著跑步，即使沒有機車，

也能以差不多的速度奔跑。

但是過一陣子之後，很遺憾，會恢復原本的速度。

該怎麼做，才能讓肌肉記得那種速度呢？

我想做實驗，也牽著機車進入自己的大學操場，

結果挨罵了。

「你在搞什麼鬼？！」

「哎呀，這是最新的練習法！」

「少胡說八道！」

Yaaaaaaaa

BIKE TRAINING

當時，教練推薦我看一本書。

那是四百公尺的世界紀錄保持者寫的磚頭書。

而且要價六千元。你買過一本六千元的書嗎？

我無法壓抑好奇心，心懷忐忑地買了那本書。

翻開書一看，以體動科學的論文爲主，

學術性地寫著該怎麼做才能跑得快。

光看字面就很吃力，但說不定書中有絕對能贏的方法，

所以我拚命地看完了它。

就結論而言，和我的預期相差十萬八千里。

從頭到尾，寫的內容都一樣。

「心想事成。」

別鬧了。一般的精神論嗎？
還是意象訓練？

我每天練習到吐，腳抽筋慘叫時，
難道環抱雙腿坐在旁邊，低喃「能贏、能贏」的傢伙，
會跑得比我快嗎？我皮笑肉不笑地心想：「還我錢來～！」

當然，我認為意象訓練很重要，
但那不過是好幾個用來獲勝的方法之一罷了。
光是想像，就能跑得快，我實在無法接受。

如此重要的事，反而顯得簡單而理所當然。
如今回想起來，難怪我會忽視它。

Real

Hope

You

心想事成。

國中時，我也有過一個經驗。

當時的田徑隊顧問是位知名教練，她帶領的學校田徑隊，

個個成績直線上升。

畢業後，我請問她：「為什麼老師一教，成績就會提升呢？」

其實原理很簡單。

老師說：「練習中測量時間時，我其實總是比開始的時間晚一點按下碼錶。」

選手們對於每次練習，都會打破自己的紀錄而感到吃驚，

逐漸成長，參加了全國大賽。因為幹勁和情緒等精神層面，

確實地對身體造成了影響。

後來，我在念大學期間開始工作。

然後參加各種研討會，又嚇了一跳。

因為無論在哪個研討會，每一個人都說一樣的話。

心想的事會發生。

現實是由自己打造。

若想好事，就會產生好的結果。

如果寫在紙上，就會更容易實現。

TRICK AT TIME

也就是說，「心想事成」。老大不小的大人們沒有喝酒，
一臉認真地訴說夢想。聽著聽著，反倒是我感到不好意思。
真的假的？我覺得不可能。

那麼，七夕時寫在詩箋上的心願會實現嗎……？
我的內心冷眼旁觀，但是半信半疑地寫下了100個自己的夢想。
那已經是二十多年前的事了。

THE STAR FESTIVAL

為了寫100個，我可以說是字跡潦草地胡亂寫。

從「想要訂書機」這種渺小的心願，
到連自己都差點噗哧一笑的宏大心願都有。
有具體的，也有抽象的。
如今，它們大多都實現了。連當時想都無法想的夢想也實現了。

開方向盤在左邊的車。寫下這個心願的六個月後，實現了。
（其實在買之後四十天，因爲車禍而報廢了。看來老天爺還不准我
買。）
國外旅行。人生第一次出國，第一次搭飛機。十個月後實現了。
雇用祕書。寫下這個心願的兩年後，實現了。
蓋房子這個夢想，在四年後實現了。

吃遍全國各地的拉麵。年收入三千萬元。
出版自己的書。經營咖啡店。
電影導演。
從事音樂的工作。孝順父母。開孤兒院。擁有別墅。
到宇宙旅行。成爲攝影師。身邊有一群最棒的朋友……等。

我不停、不停地寫。

出版自己的書。

這有點大膽。因為我不曾寫過文章。

當時，我寫過的最長文章，是高中時的讀書感想，

連那也是抄妹妹的。可是，這個心願在十二年後實現了。

我也寫了作畫，在國外開個展的心願。

自從國三的美術課結束之後，我就再也沒有拿過畫筆。

而且在學生時代，我不曾獲得高度評價。

而一九九九年，於紐約的蘇活區開的個展，

是我人生中的第一個個展。

從夢想寫在紙上的那一瞬間起，你就全力朝著夢想邁進。

無關乎夢想的大小。

大的夢想甚至常常比小的夢想更快實現。

DREAMS COME TRUE

越是想像，靠近夢想的速度越快。

不過，越是清楚地想像，說不定夢想實現之後，

死亡的形貌也會越常在腦海中出現。

也會害怕得垂下目光，不想凝視當下。

所以，死亡是什麼？擁有自己結論的人很堅強。

NOW

按下開關不是一件容易的事。

可是，開啓開關之後，會很愉快。

活著很有趣。

令人雀躍的事情，無所不在。

我寫了動力持續不了的原因，
也寫了提不起勁的原因。
接下來，就由你的心情決定。
（請你的潛意識決定。）

不可以厭倦如今的自己。
不要等到厭倦之後再思考，
而是要在厭倦之前，尋找下一件有趣的事。
因為光做做得到的事，內心也開心不起來。

那麼， 你的動力開關，
在哪裡呢？

一個人的會議時間：
學會跟自己開會，才懂得怎麼經營「自己」這家公司

作者：山﨑拓巳

你現在該做什麼？啊，突然想到那件事進行得怎麼樣了？

你有點擔心，可是，也不曉得擔心什麼……

你一直處於「莫名」之中，整天在公司感覺瞎忙，瞎忙，瞎忙。

你無法集中精神，迷失了想集中精神的目標？

或者想集中精神去做的事，天呀，已經堆積如山了…

要專注力，沒有專注力；要點子，沒有新點子，

原因很簡單，因為你太輕忽與放任一個人的時間了！

每天早上只要 10 分鐘，就可以解決以上你的疑問與改變你的焦慮。

第一次有人這樣教我理財：
從今天開始，我不再缺錢

監修：泉正人 繪圖：宇田廣江

33 歲的宇田廣江既沒有存款也沒有穩定收入，

究竟該怎麼做才能留住身邊的錢呢？

日本經濟學院代表泉正人分享親身經驗，將用錢分成投資、消費、浪費，

只要增加投資減少浪費，就能過著不再缺錢的生活。

用看漫畫的方式，讓難懂的理財知識變得清楚簡單；

教你一次學會記家庭帳簿、製作資產負債表，

瞭解正確購屋順序、選擇房屋貸款，

創造持續保有金錢的循環狀態：缺錢→學習→獲得知識→付諸行動。

國家圖書館出版品預行編目資料

一個人的充電時間：打開你的動力開關／山﨑拓
巳著；張智淵譯. ──初版──臺北市：大田，民
104.01
面；公分 . ──（Creative；072）

ISBN 978-986-179-375-7（平裝）

1. 成功法

177.2　　　　　　　　　　　　　　103021701

Creative 072

一個人的充電時間：打開你的動力開關
山﨑拓巳◎著
張智淵◎譯

出版者：大田出版有限公司
台北市 10445 中山北路二段 26 巷 2 號 2 樓
E-mail：titan3@ms22.hinet.net　http：//www.titan3.com.tw
編輯部專線：（02）25621383 傳眞：（02）25818761
【如果您對本書或本出版公司有任何意見，歡迎來電】

總編輯：莊培園
副總編輯：蔡鳳儀
執行編輯：陳顗如
行銷企劃：古家瑄／董芸
校對：金文蕙／張智淵
印刷：上好印刷股份有限公司（04）23150280
初版：二〇一五年（民 104）一月一日 定價：270 元
四刷：二〇一七年（民 106）四月二十日
國際書碼：978-986-179-375-7 CIP：177.2／103021701

YARUKI NO SWITCH！by Takumi Yamazaki
© 2008 by Takumi Yamazaki
All right reserved.
Original Japanese edition published in 2008 by SANCTUARY Publishing Inc.
Complex Chinese Character translation rights arranged with SANCTUARY Publishing Inc.
through Owls Agency Inc.,Tokyo.

◨◨ 大田出版 讀者回函

姓　　　名：_____

性　　　別：□男 □女

生　　　日：西元_____年_____月_____日

聯絡電話：_____

E-mail：_____

聯絡地址：_____

_____

教育程度：□國小 □國中 □高中職 □五專 □大專院校 □大學 □碩士 □博士

職　　　業：□學生 □軍公教 □服務業 □金融業 □傳播業 □製造業
　　　　　　□自由業 □農漁牧 □家管 □退休 □業務 □ SOHO 族
　　　　　　□其他 _____

本書書名：0714072 一個人的充電時間

你從哪裡得知本書消息？

　　□實體書店 _____ □網路書店 _____ □大田 FB 粉絲專頁
　　□大田電子報 或編輯病部落格 □朋友推薦 □雜誌 □報紙 □喜歡的作家推薦

當初是被本書的什麼部分吸引？

　　□價格便宜 □內容 □喜歡本書作者 □贈品 □包裝 □設計 □文案
　　□其他 _____

閱讀嗜好或興趣

　　□文學 / 小說 □社科 / 史哲 □健康 / 醫療 □科普 □自然 □寵物 □旅遊
　　□生活 / 娛樂 □心理 / 勵志 □宗教 / 命理 □設計 / 生活雜藝 □財經 / 商管
　　□語言 / 學習 □親子 / 童書 □圖文 / 插畫 □兩性 / 情慾
　　□其他 _____

請寫下對本書的建議：

From：

地址：

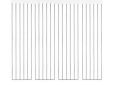

廣　告　回　信
台 北 郵 局 登 記 證
台北廣字第 01764 號

平　信

To：台北市 10445 中山區中山北路二段 26 巷 2 號 2 樓

大田出版有限公司　　／編輯部　收

電話：（02）25621383　傳眞：（02）25818761

E-mail：titan3@ms22.hinet.net

意想不到的驚喜小禮 等著你！

只要在回函卡背面留下正確的姓名、
E-mail和聯絡地址，並寄回大田出版社，
就有機會得到意想不到的驚喜小禮！
得獎名單每雙月10日，
將公布於大田出版粉絲專頁、
「編輯病」部落格，
請密切注意！

編輯病部落格

大田出版